Anonym

Investitionsrechnung. Grundlagen und Verfahren

GRIN Verlag

Bibliografische Information der Deutschen Nationalbibliothek:

Die Deutsche Bibliothek verzeichnet diese Publikation in der Deutschen National-
bibliografie; detaillierte bibliografische Daten sind im Internet über http://dnb.d-
nb.de/ abrufbar.

Dieses Werk sowie alle darin enthaltenen einzelnen Beiträge und Abbildungen
sind urheberrechtlich geschützt. Jede Verwertung, die nicht ausdrücklich vom
Urheberrechtsschutz zugelassen ist, bedarf der vorherigen Zustimmung des Verla-
ges. Das gilt insbesondere für Vervielfältigungen, Bearbeitungen, Übersetzungen,
Mikroverfilmungen, Auswertungen durch Datenbanken und für die Einspeicherung
und Verarbeitung in elektronische Systeme. Alle Rechte, auch die des auszugsweisen
Nachdrucks, der fotomechanischen Wiedergabe (einschließlich Mikrokopie) sowie
der Auswertung durch Datenbanken oder ähnliche Einrichtungen, vorbehalten.

Impressum:

Copyright © 2006 GRIN Verlag GmbH
Druck und Bindung: Books on Demand GmbH, Norderstedt Germany
ISBN: 978-3-656-75634-7

GRIN - Your knowledge has value

Der GRIN Verlag publiziert seit 1998 wissenschaftliche Arbeiten von Studenten, Hochschullehrern und anderen Akademikern als eBook und gedrucktes Buch. Die Verlagswebsite www.grin.com ist die ideale Plattform zur Veröffentlichung von Hausarbeiten, Abschlussarbeiten, wissenschaftlichen Aufsätzen, Dissertationen und Fachbüchern.

Besuchen Sie uns im Internet:

http://www.grin.com/

http://www.facebook.com/grincom

http://www.twitter.com/grin_com

Investitionsrechnung

1. Grundlagen der Investitionsrechnung

1.1 Investitionsbegriff

Investitionsbegriff im engsten Sinne:
Unter einer Investition versteht man die Herstellung und den Erwerb von Sachgütern des Anlagevermögens.

Bilanzorientierte Investitionsbegriff:
Danach ist eine Investition eine Bindung des betrieblichen Kapitals (Passivseite der Bilanz) in betriebliche Vermögensgegenstände (Aktivseite der Bilanz).

Investitionsbegriff im weitesten Sinne (auszahlungsorientiert):
Unter einer Investition versteht man einen Strom von Auszahlungen für die Anschaffung eines Gutes, durch dessen Nutzung Einzahlungen oder Minderungen der Auszahlungsverpflichtungen erzielt werden. Dieser Investitionsbegriff umfasst sowohl die Umwandlung von Zahlungsmitteln in materielle Güter als auch in immaterielle Güter.

Unterschied zur Finanzierung:
- Investition ist eine betriebliche Tätigkeit, die zu unterschiedlichen Zeitpunkten Aus- und Einzahlungen verursacht, wobei dieser Vorgang immer mit einer Auszahlung beginnt.
- Finanzierung ist eine Handlung, die zu unterschiedlichen Zeitpunkten Ein- und Auszahlungen verursacht, wobei dieser Vorgang immer mit einer Einzahlung beginnt.

Vorteile des auszahlungsorientierten Investitionsbegriffs:
- Der Begriff ist sehr einfach
- Er knüpft direkt an diejenigen Rechengrößen an, die für eine ökonomische Beurteilung von Bedeutung sind.

Nachteile des auszahlungsorientierten Investitionsbegriffs:
- Der zahlungsorientierte Investitionsbegriff lässt alle Investitionseigenschaften unbeachtet, die nicht direkt zu Zahlungsvorgängen führen (Lärm, Geruchsbelästigung)
- Es gibt Investitionen, die aufgrund entsprechen gestalteter Vertragsbedingungen mit den Marktpartnern (Kunden, Lieferanten) mit Einzahlungen beginnen.
- Es gibt Investitionen, für die sich Zahlungsreihen nicht oder nur schwer vorhersagen lassen (Einrichtung Betriebskindergarten).
- Die Zahlungen von Investitionen erfolgen nicht stoßweise zu bestimmten Zeitpunkten, sondern kontinuierlich über die Zeit verteilt.

1.2 Investitionsarten

Nach Art des Investitionsobjektes unterscheidet man *Produktions- und Finanzinvestitionen*.

Produktionsinvestitionen stellen Auszahlungen für materielle Realgüter und immaterielle Realgüter dar.

Ziele:
- Anpassung der Produktion an den technischen Fortschritt

- Beseitigung von Engpässen
- Erhaltung der Produktqualität
- Herstellung neuer Erzeugnisse
- Aufrechterhaltung der Produktionskapazität

Finanzinvestitionen sind Geldanlagen in Nominalgüter wie Kundenforderungen, Beteiligungen, Wertpapiere.

Ziele:
- Kapitalverzinsung
- Liquiditätsreserve
- Ausnutzung steuerlicher Vorteile
- Ausnutzung der wirtschaftlichen Machtstellung

Bezüglich des Investitionsgrundes gliedert man in *Ersatz-, Rationalisierungs- und Erweiterungsinvestitionen.*

Bei einer *Ersatzinvestition* wird eine vorhandene Anlage durch eine neue gleicher Art und Güte abgelöst.

Bei einer *Rationalisierungsinvestition* erwartet man dagegen, dass die neue Anlage eine größere Wirtschaftlichkeit als die alte Anlage aufweist.

Wird durch die zusätzliche Anlage die technische Kapazität erhöht, dann spricht man von einer *Erweiterungsinvestition.*

Bezüglich der Art der Wiederholung unterscheidet man *einmalige Investitionen und laufende Investitionen.*

Nach dem Zweck des Investitionsvorhabens unterscheidet man *Produktqualitätsverbesserungsinvesitionen, Verwaltungsinvestitionen, Sozialinvestitionen, Umweltschutzinvestitionen, Energieträgerwechselinvestitionen.*

Nach dem Umfang unterscheidet man *Re-Investitionen, Netto-Investitionen und Brutto-Investitionen.*

1.3 Merkmale von Investitionsentscheidungen

1. Investitionen sind mit mehrjähriger, langfristiger Kapitalbindung verbunden
2. Investitionsentscheidungen sind langfristige Entscheidungen
3. Investitionsentscheidungen sind irreversibel, d.h. beschränkt oder nicht oder begrenzt unter hohen Kosten umkehrbar
4. Investitionsentscheidungen sind stets mit einem hohen Risiko verbunden

Konsequenzen für Investitionsentscheidungen:
- Investitionsentscheidungen benötigen gründliche Vorbereitung
- Investitionsentscheidungsverständis ist nötig
- Investitionsentscheidungen durch Rechnung vorausplanen und danach entscheiden
- Modellierung und Mathematik nötig
- Aspekt der Praktikabilität berücksichtigen

2

1.4 Entscheidungskriterien von Investitionsentscheidungen

Problemlösungsansatz für Investitionsentscheidungen:
* Entscheidungsfeld eingrenzen
* Entscheidungskriterien systematisieren
* Berechnungsansatz aufstellen
* Investitionsrechnung durchführen
* Investitionsrechnung als Entscheidungshilfe heranziehen

Entscheidungskriterien:
* Gruppe der ökonomischen Kriterien
  o Unternehmungszielsetzung
  o Investitionszeitpunkt
  o Wirtschaftliche Nutzungsdauer
  o Rentabilität
  o Höhe und zeitliche Verteilung des Kapitaleinsatzes (Investitionssumme)
  o Höhe und zeitliche Verteilung der Einnahmeüberschüsse
  o Anlagemöglichkeit für Differenzinvestitionen
  o Steuerliche Konsequenzen

* Gruppe der Kriterien des Nebenbedingungsgefüges
  1. Aspekte bei Investitionsentscheidungen
     a. Technische Aspekte
        (1) Technische Realisierbarkeit
        (2) Verschiedene technische Verfahren
     b. Juristische Aspekte
        (1) Vorgeschriebene Ausführung
        (2) Zulässigkeit
     c. Leistungswirtschaftliche Aspekte
        (1) Kapazitätseffekte
        (2) Beschäftigungselastizität
        (3) Interdependenzen zu anderen Bereichen
     d. Finanzielle Aspekte
        (1) Finanzierungsmaßnahmen für Anschaffungszahlungen
        (2) Ausgaben während der Nutzung
        (3) Einnahmen während der Nutzung
     e. Erfolgsaspekte
        (1) Erträge während der Nutzung
        (2) Kosten während der Nutzung
     f. Risikoaspekte
        (1) Technische Risiken
        (2) Wirtschaftliche Risiken

  2. praktische Fragestellungen bei Investitionsentscheidungen
     a. Wäre eine Reparatur der Altanlage möglich und wirtschaftlich?
     b. Wäre bei zeitlicher Anpassung die Investition entbehrlich?
     c. Könnten durch die Verlagerung von Aufträgen an Konzernunternehmungen Investitionen gespart werden?
     d. Wäre die Investitionsvornahme in Etappen möglich?
     e. Welche Konsequenzen wird die Investition nach sich ziehen?

3

f. Kann die erforderliche Rohstoff- und Energieversorgung langfristig gesichert werden?
g. Sind wesentliche Veränderungen des wissenschaftlich-technischen Fortschritts in nächster Zeit zu erwarten?

3. häufige Fehler bei Investitionsentscheidungen (führen zu unbefriedigenden Investitionsentscheidungen)
    a. Entscheidungen basieren nur auf technische Kennzahlen oder auf Faustregeln
    b. Wenn Investitionsrechnungsverfahren angewandt werden, die der Fragestellung und der Problemstruktur nicht adäquat sind
    c. Wenn die Datenerfassung unvollständig ist
    d. Wenn nicht alle Alternativen erkannt und geprüft werden
    e. Wenn relevante Daten manipuliert werden

1.5 Investitionsplanung und Investitionsentscheidung

Phasen der Investitionsplanung:
- Problemstellungsphase: Es wird die Idee geboren, eine Investition durchzuführen. Voraussetzung für eine solche Anregung ist, dass der Investor eine Mangellage erkennt und glaubt, diesen Zustand beseitigen zu können.
- Suchphase: Im nächsten Schritt gilt es, die Handlungsmöglichkeiten des Investors zusammenzustellen und die Konsequenzen der Handlungsmöglichkeiten zu ermitteln.
- Beurteilungsphase: Diese Phase dient der unmittelbaren Entscheidungsvorbereitung. Jetzt kommt es darauf an, die Konsequenzen der Handlungsmöglichkeiten in Bezug auf die Ziele des Investors zu bewerten. Sofern es sich um quantitative Ziele und Daten handelt, wird hier das Instrument der Investitionsrechnung eingesetzt.
- Entscheidungsphase: Mit diesem Schritt erfolgt die Festlegung der zu realisierenden Handlungsmöglichkeiten, indem die bewerteten Alternativen miteinander verglichen werden und der Investor einen Entschluss fasst.
- Realisierungsphase: Die Investition wird entsprechend dem Beschluss in die Tat umgesetzt.

Abhängigkeiten des Investitionsplanes von betrieblichen Teilplänen:

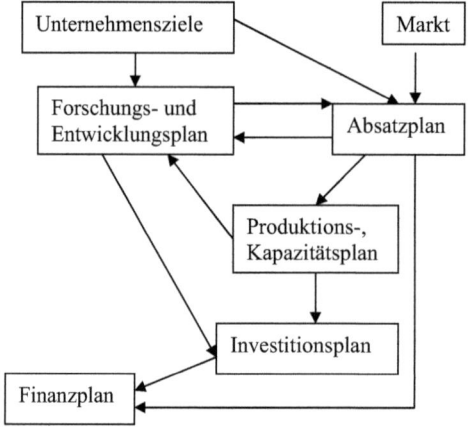

4

1.6 Investitionsentscheidung und Investitionsrechnung

Hauptentscheidungsfehler der Investitionsrechnung:

1) Vorteilhaftigkeitsentscheidung:
   Bringt das eingesetzte Kapital die entsprechende Verzinsung?

2) Wahlentscheidung:
   Welche von mehreren Investitionsalternativen soll durchgeführt werden?

3) Entscheidung zum Ersatz der Anlage:
   Soll eine bereits vorhandene Anlage durch eine neue Anlage ersetzt werden?

$\Rightarrow$ Auswahl des richtigen Verfahrens der Investitionsrechnung ist entscheidend!!!

Hauptunterschiede für einen vollständigen Vergleich in der Investitionsrechnung:

(1) Höhe der Anschaffungsausgaben ist unterschiedlich
   $\Rightarrow$ Differenzinvestitionen

(2) Nutzungsdauer ist unterschiedlich
   $\Rightarrow$ Nutzungsdauer gleichsetzen

(3) Höhe und Zeitpunkt der jährlichen Einnahmeüberschüsse ist unterschiedlich
   $\Rightarrow$ Verzinsung

1.7 Wesentliche betriebswirtschaftliche Begriffe

- *Kosten*: Der in Geld bewertete Aufwand an Produktionsfaktoren, die nötig sind, um betriebliche Leistungen zu erstellen.
- *Abschreibungen*: Die betriebswirtschaftliche und steuerrechtliche Erfassung der Minderung eines Vermögenswertes über die Periode seiner Nutzungsdauer.
- *Ausgaben/Einnahmen*: Abfluss/Zufluss von Zahlungsmitteln
- Gewinn: Überschuss des Ertrages über den Aufwand innerhalb eines bestimmten Zeitraums
- *Ertrag*: Einnahmen eines Unternehmens während einer bestimmten Zeitperiode.
- *Aufwand*: Der in Geldeinheiten erfasste Verbrauch von Gütern einer Rechnungsperiode, der das Eigenkapital mindert.
- *Rentabilität*: In der Wirtschaftstheorie das Verhältnis von Gewinn zu eingesetztem Kapital.
- *Amortisation*: Der Prozess, in welchem die Anschaffungskosten eines Objektes durch die mit ihm erzielten Einnahmen gedeckt werden.
- *Buchwert*: Sind die Vermögens- und Schuldteile in der Bilanz, bewertet zu Anschaffungskosten, vermindert um Abschreibungen.
- *Kapitalkosten*:
   Entstehen dem Unternehmen dadurch, dass es sich für Investitionen Fremdkapital (Zinsen) oder Eigenkapital (Eigenkapitalrendite) beschafft.

2. Statische Verfahren der Investitionsrechnung

2.1 Überblick

In der Praxis werden die statischen Verfahren vor allem wegen ihrer einfachen Handhabung und des damit verbundenen geringen Kosten- und Zeitaufwandes sehr häufig eingesetzt. Sie werden als statisch bezeichnet, weil sie den unterschiedlichen zeitlichen Anfall von Einzahlungen und Auszahlungen nicht oder nur teilweise berücksichtigen und außerdem nur eine Planungsperiode betrachten. Zu den statischen Verfahren zählen:

- Kostenvergleichsrechnung
- Gewinnvergleichsrechnung
- Rentabilitätsrechnung
- Amortisationsrechnung

2.2 Kostenvergleichsrechnung

Es wird ein Vergleich der in einer Planungs- bzw. Nutzungsperiode anfallenden kosten zweier oder mehrerer alternativer Investitionsobjekte durchgeführt.

Sind die Kapazitäten der zu vergleichenden Investitionsobjekte nicht gleich, so muss anstelle des Kostenvergleichs einer Periode ein Stückkostenvergleich durchgeführt werden. Der Kostenvergleich arbeitet also mit der Prämisse gleicher Kapazitäten der Investitionsobjekte. In den Kostenvergleich sind alle relevanten Kosten einzubeziehen. Sofern es sich um Investitionen mit mehrperiodischer Nutzungsdauer handelt, werden die Durchschnittskosten pro Periode zu Grunde gelegt. Erlöse bleiben in diesem Verfahren unberücksichtigt, da unterstellt wird, dass jede Alternative wegen gleicher Kapazitäten auch gleiche Erlöse erwirtschaftet. Die relevanten Kosten sind:

- Betriebskosten
  - o Personalkosten
  - o Materialkosten
  - o Instandhaltungs- und Reparaturkosten
  - o Raumkosten
  - o Energiekosten etc.

- Kapitalkosten (Bei Ersatzentscheidungen ohne Liquidationserlös rechnen)

  - o Kalkulatorische Abschreibungen
    Abschreibung pro Periode $= \dfrac{I_0 - L_T}{T}$ I_0: Anschaffungskosten

    L_T: Liquidationserlös in T
  - o Kalkulatorische Zinsen
    Die kalkulatorischen Zinsen beziehen sich auf das durchschnittlich gebundene Kapital.

    Zinsen pro Periode $= i \cdot \dfrac{I_0 + L_T}{2}$

- Durchschnittkosten pro Periode

$$K = K^B + \frac{I_0 - L_T}{T} + i \cdot \frac{I_0 + L_T}{2}$$

Soll aus einer Vielzahl funktionsgleicher Objekte die kostengünstigste Alternative bestimmt werden, führen die Kosten pro Zeiteinheit und die Kosten pro Leistungseinheit der verschiedenen Alternativen zu denselben Vorteilhaftigkeitsaussagen. Bestehen jedoch Unterschiede im Leistungsumfang, führt nur ein Vergleich der Kosten je Leistungseinheit zu einem brauchbaren Ergebnis.

Grenzstückzahl bzw. kritische Stückzahl: $\quad n_K = \dfrac{K_{F2} - K_{F1}}{k_{v1} - k_{v2}}$

Beurteilung des Verfahrens:

- Die Aufstellung von Kostenfunktionen der zu vergleichenden Anlage ist in der Praxis oft mit Schwierigkeiten verbunden.
- Das Verfahren kann nur für kurzfristige Investitionsvorhaben herangezogen werden, da es statisch ist und daher zukünftige Entwicklungen nicht berücksichtigen kann.
- Erlöse werden nicht berücksichtigt, so dass über die Rentabilität des Kapitals keine Aussage gemacht werden kann.
- Unterschiedliche qualitative Leistungen von Investitionsobjekten können nicht in das Verfahren einfließen.
- Eventuelle Auswirkungen auf die Absatzpreise von Produkten durch höhere Produktions- bzw. Absatzmengen müssen gleichfalls unberücksichtigt bleiben.

2.3 Gewinnvergleichsrechnung

Der Kostenvergleich ist bei vielen Investitionsvorhaben nicht ausreichend, da die Erträge auch aufgrund verschiedener qualitativer Leistungen unterschiedlich sein können. Zur Beurteilung der Investitionsalternativen müssen daher neben den Kosten auch die Erträge berücksichtigt werden. Insofern stellt die Gewinnvergleichsrechnung eine Erweiterung der Kostenvergleichsrechnung dar. Bei gleichen Erlösen pro Mengeneinheit führen beide Verfahren zu gleichem Ergebnis. Die Gewinnverteilungsrechnung kann zur Beurteilung einzelner Investitionen oder zum Alternativvergleich mehrerer herangezogen werden. Dabei ist bei einzelnen Investitionen jede vorteilhaft, die einen Gewinn größer Null aufweist. Beim Alternativenvergleich wird diejenige Investitionsmöglichkeit gewählt, die den größten durchschnittlichen Jahresgewinn erwarten lässt.

Durchschnittlicher Kapitalgewinn pro Periode

$$G_{kap} = E - K = E - \left(K^B + \frac{I_0 - L_T}{T} \right)$$

Beurteilung des Verfahrens:

- Die Aufstellung von Kostenfunktionen der zu vergleichenden Anlage ist in der Praxis oft mit Schwierigkeiten verbunden.
- Das Verfahren kann nur für kurzfristige Investitionsvorhaben herangezogen werden, da es statisch ist und daher zukünftige Entwicklungen nicht berücksichtigen kann.
- Erlöse werden nicht berücksichtigt, so dass über die Rentabilität des Kapitals keine Aussage gemacht werden kann.

2.4 Rentabilitätsrechnung

In der statischen Rentabilitätsrechnung wird der Bezug vom Gewinn zum eingesetzten Kapital hergestellt, da der Investitionsgewinn oft mit unterschiedlichem Kapitaleinsatz erwirtschaftet wird und Kapital in der Regel nicht unbegrenzt zur Verfügung steht. Es wird die

Periodenrentabilität berechnet, wobei beim Alternativenvergleich die Alternative mit der maximalen Rentabilität gewählt wird.

$$r_{GK} = \frac{\text{Gewinn vor Zinsen}}{\text{durchschnittlicher Kapitaleinsatz}} = \frac{E - K_{\text{ohne Zinsen}}}{\frac{I_0 + L_T}{2}}$$

r_{GK} gibt die durchschnittliche Verzinsung des eingesetzten Kapitals an; das Investitionsprojekt ist vorteilhaft, wenn r_{GK} größer als der Kalkulationszinssatz i ist.

Das Investitionsprojekt ist dann vorteilhaft, wenn diese Rentabilität größer als die anderweitig mit dem Eigenkapital erzielbare Verzinsung ist.

Beurteilung des Verfahrens:

- Die Aufstellung von Kostenfunktionen der zu vergleichenden Anlage ist in der Praxis oft mit Schwierigkeiten verbunden.
- Das Verfahren kann nur für kurzfristige Investitionsvorhaben herangezogen werden, da es statisch ist und daher zukünftige Entwicklungen nicht berücksichtigen kann.
- Erlöse werden nicht berücksichtigt, so dass über die Rentabilität des Kapitals keine Aussage gemacht werden kann.
- Schwierigkeit, Umsätze und Erlöse den einzelnen Investitionsalternativen zuzurechnen.

2.5 Statische Amortisationsrechnung

Auch die Amortisationsrechnung stellt eine Erweiterung der Kosten- und Gewinnvergleichsrechnung dar. Es wird hierbei der Zeitraum ermittelt, in dem das ursprünglich eingesetzte Kapital durch Erlöse wieder vollständig zurückgeflossen ist. Es wird dadurch eine überschlägige Risikoeinschätzung verschiedener Investitionsobjekte möglich. Ein einzelnes Objekt kann dann als vorteilhaft gelten, wenn dessen Amortisationszeit kürzer ist, als die vom Investor als maximal zulässige. Beim Alternativenvergleich wird diejenige Alternative gewählt, die die kürzere Amortisationszeit hat. Die Amortisationsrechnung kann auf verschiedene Weise durchgeführt werden.

a) Durchschnittsrechnung (Rückflüsse konstant)

$$R = G_{kalk} + AfA + Zinsen \qquad \text{oder} \qquad \text{Rückfluss } R = E - K^B \qquad A = \frac{I_0}{R}$$

Der Rückfluss enthält weder kalkulatorische Zinsen, noch kalkulatorische Abschreibungen, da es sich um keine Geldströme handelt.

b) Totalrechnung oder Kumulationsrechnung (Rückflüsse konstant, werden abgezinst)

Es werden die erwarteten konstanten Rückflüsse pro Periode geschätzt (abgezinst) und kumuliert, bis sie der Höhe des Kapitaleinsatzes entsprechen.
Die dem Investitionsobjekt zurechenbaren Rückflüsse werden in der Praxis durch Gewinn plus Abschreibungen angenähert. Man geht also davon aus, dass alle Einzahlungen, soweit nicht für laufende Auszahlungen der Investition benötigt, zur Amortisation des eingesetzten Kapitals verwendet werden.

$$\hat{A} = \overset{\circ}{A} + \frac{I_0 - \sum_{i=1}^{\overset{\circ}{A}} R}{R \text{ im Jahr } (\overset{\circ}{A} + 1)}$$

$\overset{\circ}{A}$= Jahr,indem die Summe der Rückflüsse die Anschaffungsinvestition übersteigt - 1

Beurteilung des Verfahrens:
Das Verfahren liefert als Ergänzung zur Rentabilitätsrechnung wertvolle Hinweise bezüglich der Risikoabschätzung von Investitionsvorhaben. Je länger die Kapitalbindung desto unsicherer ist die Rückgewinnung des Kapitals zu beurteilen.

2.6 Besonderheiten bei Ersatzentscheidungen mit statischen Verfahren

Frage: Soll vorhandene Anlage durch eine neue Anlage ersetzt werden?

Bei Vernachlässigung der betrieblichen Leistung ist die Kostenvergleichsrechnung anzuwenden.

Datenproblem:
- Nur bei der alten Anlage liegen die Kosten konkret vor
- Bei neuer Anlage müssen Durchschnittskosten pro Jahr für die gesamte Nutzungsdauer ermittelt werden. Man geht davon aus, dass diese jedes Jahr gleich sind

Ein Ersatz einer alten Anlage durch eine neue ist als vorteilhaft anzusehen, wenn die durchschnittlichen Periodenkosten der alten Anlage größer sind als die der neuen Anlage.

$$K^{neu} = K^B + AfA_{kalk} + Zinskosten_{kalk}$$
$$K^{alt} = K^B + (L_0 - L_m) + L_0 \cdot i$$

bei K^{alt} Anlagenzinssatz verwenden.

L_0 : Liquidationserlös der alten Anlage zu Beginn der Vergleichsperiode
L_m : Liquidationserlös der alten Anlage am Ende der Vergleichsperiode

Schwächen der Methode:
- Der Wert der kalkulatorischen Zinsen ....
- Instandhaltungskosten der alten Anlage könnten schwanken
- Komplizierte Überlegung der Einbeziehung der Liquidationserlöse und dessen Verzinsung
- Keine Berücksichtigung der praktischen Vorteilhaftigkeit
- Instandhaltungskosten könnten Kosten der Betreibung deutlich erhöhen
- Technisches Niveau der neuen Anlage nicht hoch genug, um Betriebskosten ausreichend zu senken

2.7 Weitere statische Verfahren

Die MAPI-Methode kann nicht nur auf das Ersatzproblem, sondern auch auf das Wahlproblem bei Erweiterungsinvestitionen angewendet werden.

Die Formel will nicht den optimalen Ersatzzeitpunkt ermitteln, sondern nur die Ersatzfrage für das betrachtete Jahr klären. Bei mehreren Ersatzgütern ist dasjenige mit der höchsten Rentabilität bezüglich der alten Anlage zu wählen.

Nebenbedingungen:

- Ersatz einer alten Anlage durch eine neue Anlage mit Leistungsvorteil
- Einmal Leistungsvorteil heißt immer Leistungsvorteil
- Bei Nichtersatz: Finanzanlage

$$r_{MAPI} = \frac{\Delta r_1 + \Delta C_{alt} - \Delta C_{neu} - Kst}{KE_{netto}}$$

Δr_1 = Rückflussvorteil im ersten Jahr: Kostensenkung + Gewinnerhöhung

ΔC_{alt} = vermiedener Kapitalverzehr im ersten Jahr: Reparatur 1.Jahr + Liquidationserlös 1.J

ΔC_{neu} = entstehender Kapitalverzehr im ersten Jahr: MAPI-Diagramm-Ergebnis mal I_0

Kst = Ertragssteuerbetrag im ersten Jahr

KE_{netto} = Kapitaleinsatz netto: $I_0 - L_{1alt}$ – Kosten Reparatur

MAPI-Überlegung: $r_{MAPI} > 10$ Ersatz der alten Anlage

Im MAPI-Diagramm werden verschiedene Gewinnverläufe, die Nutzungsdauer, der Restwert und der Steuersatz von 50% unterstellt. Verschuldungsgrad (25%), Fremdkapitalzinsfuß (3%) und Eigenkapitalrentabilität (10%) gehen automatisch als Annahmen mit die Berechnung ein.

2.8 Zur Aussagefähigkeit statischer Verfahren

Kritik:

- Obwohl es sich bei Investitionsentscheidungen immer um mehrperiodige Probleme handelt, bleibt die zeitliche Struktur der Erfolgsströme unberücksichtigt. Gewinnmaximierung, Kostenminimierung und Renditestreben erfahren keine zeitliche Präzisierung.
- Wenden wir statische Rechnungen an, so können wir nur dann einigermaßen sicher sein, tatsächlich Alternativen miteinander zu vergleichen, wenn sich die Investition weder in ihrem Kapitaleinsatz noch in ihrer Nutzungsdauer voneinander unterscheiden.

Vorteile:

- Statische Methoden sind einfach zu handhaben. Die mathematischen Anforderungen sind gering.
- Die statischen Rechnungen verlangen nur einen verhältnismäßig geringen Aufwand bei der Beschaffung von Informationen. Diese Aussage bezieht sich auf alle in die Rechnung eingehenden zukunftsbezogenen Daten (Absatz, Preis)

	Kosten-vergleichs-rechnung	Gewinn-vergleichs-rechnung	Rentabilitäts-rechnung	Amortisations-rechnung
Entscheidungs-kriterium	geringste Kosten	höchster Gewinn	höchste Rentabilität, besser als Mindest-verzinsung	kürzeste Amortisationszeit
Anwendungs-bedingung	Ausweis fixer und variabler Kosten	Ausweis des Ertrags ist möglich	keine Eingrenzungen, da allgemeine Unternehmens-zielstellungen	bei Dominanz des schnellen Rückflusses (Sicherheits-streben)
geeignet:	Wahlent-scheidung, Kosten-dominanz	Wahlent-scheidung	auch für Vorteilhaftigkeit-entscheidungen	als ergänzendes Entscheidungs-kriterium

10

3. Dynamische Verfahren der Investitionsrechnung

3.1 Konsequenzen aus der Berücksichtigung des Zeitmoments

Mit Hilfe der dynamischen Investitionsrechnungen kann die Vorteilhaftigkeit von Investitionen wesentlich besser beurteilt werden, als mit statischen Verfahren. Durch Anwendung von dynamischen Verfahren lassen sich die für die statischen Verfahren bekannten Schwächen beseitigen:

- Die einperiodische Betrachtungsweise, die auf Durchschnittswerte angewiesen ist, wird durch die genaue Erfassung von Ein- und Auszahlungen während der ganzen Nutzungsdauer abgelöst.
- Die Ein- und Auszahlungen werden entsprechend ihrem zeitlichen Anfall bewertet

Zu den klassischen dynamischen Verfahren zählen:
- Kapitalwertmethode
- Endwertmethode
- Interne Zinsfuß-Methode
- Annuitätenmethode

3.1.1 Grundlagen dynamischer Verfahren

a) Aufzinsung

Bei der Aufzinsung wird errechnet, wie viel ein im Zeitpunkt 0 eingesetzter Betrag nach einer Anzahl von Jahren, in deren Verlauf Zins und Zinseszins anfallen, wert ist.

$(1+i)^n$ oder q^n (Aufzinsungsfaktor)

$K_n = K \cdot q^n$ (aufgezinstes Kapital)

bei unterschiedlichen Periodenzinsen: $(1+i_1)(1+i_2)...(1+i_n)$

b) Abzinsungsfaktor

Bei der Abzinsung wird errechnet, welcher Betrag im Zeitpunkt 0 eingesetzt werden muss, um einen Betrag K im Zeitpunkt n zu besitzen. Der erwünschte Betrag wird mit dem Abzinsungsfaktor abgezinst.

$\dfrac{1}{(1+i)^n}$ oder $\dfrac{1}{q^n}$ (Abzinsungsfaktor)

$K = \dfrac{K_n}{q^n}$ (abgezinstes Kapital)

bei unterschiedlichen Periodenzinsen: $\dfrac{1}{(1+i_1)(1+i_2)...(1+i_n)}$

c) Wiedergewinnungsfaktor

Die Verteilung eines heute zur Verfügung stehenden Betrages zu gleichen Teilen über eine Anzahl von Jahren unter Berücksichtigung von Zinseszinsen wird durch Multiplikation mit dem Wiedergewinnungsfaktor ermöglicht.

$$\frac{q^n(q-1)}{q^n - 1} \qquad \text{(Wiedergewinnungsfaktor)}$$

3.1.2 Terminologie

Der Zeitwert einer Ausgabe, einer Einnahme, eines Einnahmeüberschusses usw. ist der Wert im Zeitpunkt ihres Entstehens.

Der Barwert einer Ausgabe, einer Einnahme, eines Einnahmeüberschusses usw. ist der Wert im Bezugszeitpunkt.

Der Kapitalwert einer Investition ermittelt sich ais der Differenz Anschaffungsausgabe minus Barwert der Einnahmenüberschüsse. Er wird wesentlich vom gewählten Kalkulationszinssatz bestimmt.

Der interne Zinsfuss ist derjenige Zinsfuss, bei dem die diskontierten Einnahmen und Ausgaben der Investition einen Kapitalwert von Null ergeben.

Die Kapitalwertannuität ist derjenige jährlich gleich hohe Betrag, dessen Erzielung am Ende jeder künftigen Nutzungsperiode der Verfügbarkeit des gesamten Kapitalwertes im Bezugszeitpunkt entsprechen würde.

Der Wiedergewinnungsfaktor drückt das Verhältnis der Kapitalannuität zu ihrem Kapitalwert aus.

3.2 Kapitalwertmethode

Die Kapitalwertmethode (KWM) ermittelt den Barwert (Kapitalwert) einer bevorstehenden Investition durch Diskontierung der Zahlungsreihen auf den jetzigen Zeitpunkt.

$$C_0 = \sum_{t=0}^{n}(E_t - A_t)\cdot\frac{1}{(1+i)^t}$$

bzw. bei Ausgliederung der Anschaffungsauszahlung zum Zeitpunkt Null und des Liquidationserlöses im Zeitpunkt n:

$$C_0 = -I_0 + \sum_{t=0}^{n}\frac{Z_t}{q^t} + \frac{L_n}{q^n}$$

Bei der KWM wird die Zahlungsreihe einer Investition an einer Alternativinvestition gemessen, die sich zum Kalkulationszinssatz verzinst. Ist der Kapitalwert positiv (C>0), so ist die Verzinsung des jeweils gebundenen Kapitals höher als der Kalkulationszinssatz, und das Projekt ist damit vorteilhaft.

Der Kapitalwert lässt nun zweierlei Deutungen zu:

> ➢ Die effektive Verzinsung der Investition ist höher als der Kalkulationszinsfuß.
> ➢ Der Kapitalwert zeigt analog zur Gewinnvergleichsrechnung den Gewinn einer Investition auf, wobei es sich im Gegensatz zur Gewinnvergleichsrechnung um den Barwert des Gewinns handelt.

Probleme:
- Unterstellt Re-Investitionen zum Kalkulationszinssatz, falls das durch die Investition gebundene Kapital zwischenzeitlich negativ wird, d.h. ein zwischenzeitlicher Überschuss entsteht.
- Kosten des Kapitals sind nicht unbedingt eindeutig bestimmbar.

„Kritische Wertrechnung"

a) Investitionsausgabe

$a_{0kritisch} = a_0 + C_0$

b) Kaufpreis und c) Absatzmenge

$$-a_0 + [(VP \cdot Menge) - (Menge \cdot kv + Kf)] \cdot \frac{1}{\frac{q^n(q-1)}{q^n-1}} = 0$$

je entweder VP = x oder Menge = x und auflösen

c) Preisobergrenze des Investitionsgutes

- Mit Mindestkapitalwert: $a_0 = \sum_{i=1}^{n} \frac{E\ddot{U}}{q^t} - C_{0\,min}$

- Mit Liquidationserlös: $a_0 = \sum_{i=1}^{n} \frac{E\ddot{U}}{q^t} + \frac{L_T}{q^t}$

d) Ab wann lohnt sich das investieren

$$E\ddot{U} = \left(a_0 - \frac{L_T}{q^t}\right) \cdot \frac{q^n(q-1)}{q^{n-1}}$$

3.3 Endwertmethode

Im Rahmen dynamischer Endwertverfahren wird der Versuch unternommen einige der einschränkenden Prämissen z.B. vollkommener Kapitalmarkt aufzuheben. So erlauben Endwertverfahren die Berücksichtigung eines gespaltenen Kalkulationszinssatzes in Form von unterschiedlichen Soll- und Habenzinsfüßen für Kreditaufnahme bzw. Kapitalanlage.

Bei der Vermögensendwertmethode wird der Vermögensendwert einer Investition durch Aufzinsung aller Zahlungen auf das Ende des Planungszeitraums bestimmt. Unter der realistischen Annahme, dass der Sollzinssatz über dem Habenzinssatz liegt, ist eine Einzelinvestition als vorteilhaft anzusehen, wenn sie einen positiven Vermögensendwert besitzt, da dann eine über dem Sollzinssatz liegende Investitionsrendite erzielt wird. Für den Alternativvergleich gilt, dass die Investition mit dem höheren Vermögensendwert vorteilhafter ist. Es wird unterstellt, dass für Ein- bzw. Auszahlungsüberschüsse während des Planungszeitraums jeweils eine getrennte Vermögensbestandsführung ohne Ausgleich erfolgt und erst am Ende des Planungshorizonts eine Zusammenführung zur Ermittlung des Kapitalendwertes vorgenommen wird (Kostenausgleichsverbot). Ferner wird angenommen,

13

dass sie das negative Vermögenskonto mit dem Kreditzinssatz k und das positive Vermögenskonto mit dem Habenzinssatz i verzinst.

Wegen der zusätzlichen Unsicherheitsfaktoren ist den endwertorientierten Verfahren gegenüber den Barwertverfahren nur dann der Vorzug zu geben, wenn eine sehr große Spanne zwischen Soll- und Habenzins zu berücksichtigen ist und eine projektbezogene Finanzierung vorliegt.

Kontenausgleichsgebot:
Hierbei werden die Einnahmeüberschüsse zuerst zum Ausgleich des negativen Vermögenskontos der Investitionsauszahlung verwendet.

Kontenausgleichsverbot:
Hierbei findet im Planungszeitraum der Investition kein Ausgleich zwischen den getrennt geführten Vermögenskonten der Investitionsauszahlungen und der Einnahmeüberschüsse statt.

3.4 Dynamische Amortisationsrechnung

Es werden pro Jahr die Einnahmeüberschüsse auf das Jahr 0 abgezinst und zum Restkapitalwert addiert.

$$AZ_{dyn} = t^* + \frac{a_0 - \sum_{t1}^{t^*} R}{\sum_{t1}^{t^*} R - \sum_{t1}^{m} R}$$

t* = Jahr mit letztmaligem negativen Kapitalwert

3.5 Interne Zinssatzmethode

Durch die interne Zinssatzmethode (IZM) wird, ähnlich der Rentabilitätsrechnung, die Verzinsung des jeweils gebundenen Kapitals ermittelt. Für die Berechnung der Verzinsung wird der Kapitalwert gleich 0 gesetzt und die Gleichung nach dem internen Zinssatz i aufgelöst.

$$0 = \sum_{t=0}^{n} (E_t - A_t) \cdot \frac{1}{(1+i)^t}$$

Die Auflösung der Gleichung bereitet Schwierigkeiten, da eine Gleichung n-ten Grades vorliegt. Die Lösung kann durch Diskontierung mit zwei Versuchszinssätzen und anschließender Interpolation ermittelt werden.

Schätzwert für i: $\quad i_{int} = i_1 + C_0(i_1) \dfrac{i_2 - i_1}{C_0(i_1) - C_0(i_2)}$

Der Fehler der linearen Interpolation nimmt mit dem Interpolationsintervall ab, d.h. um größere Fehler zu vermeiden, sollte ein möglichst kleiner Interpolationsintervall gewählt werden.

14

Beispiel:

$i_1 = 0,10 \Rightarrow C_0(i_1) = 6,78$

$i_2 = 0,15 \Rightarrow C_0(i_2) = -4,42$

$\Rightarrow i_{int} = 0,1 + 6,78 \dfrac{0,15 - 0,1}{6,78 - (-4,42)} = 0,1303$

Probe: $C_0(0,1303) = -0,2027$

Weitere Iteration:

$i_1 = 0,10 \Rightarrow C_0(i_1) = 6,7769$

$i_3 = 0,1303 \Rightarrow C_0(i_3) = -0,2027$

$\Rightarrow i_{int} = 0,1 + 6,7769 \dfrac{0,1303 - 0,1}{6,7769 - (-0,2027)} = 0,1294$

Probe: $C_0(0,1294) = -0,004 \approx 0$ $\Rightarrow i_{int} \approx 12,94\%$

Die Investition wird unter der Annahme des vollkommenen Kapitalmarktes dann durchgeführt, wenn der interne Zinssatz über dem Kapitalmarktzinssatz (Kalkulationszinssatzes) liegt. Bei beschränktem, unvollkommenem Kapitalmarkt besteht zusätzlich die Kalkulationszinsfußproblematik.

3.6 Annuitätenmethode

Die Vorteilhaftigkeit einer Investition lässt sich neben dem Kapitalwert auch durch die äquivalente, äquidistante und uniforme Annuität zeigen. Diese ist der gleich bleibende Betrag, der neben Tilgung und Verzinsung in jeder Periode zur Verfügung steht.

äquivalent = Barwert der neuen Reihe = Barwert der gegebenen Reihe
äquidistant = Zahlungszeitpunkte sind gleich weit voneinander entfernt
uniform = Zahlen sind gleich groß

Die Ermittlung der Annuität erfolgt durch Multiplikation des Kapitalwertes mit dem Wiedergewinnungsfaktor.

$$A = C_0 \cdot \frac{q^n (q-1)}{q^n - 1}$$

Eine Einzelinvestition ist vorteilhaft, wenn sie eine jährliche Entnahme ermöglicht (Gewinnannuität >0). In einem solchen Fall ist die Einzahlungsannuität der Investition größer als ihre Auszahlungsannuität.

3.7 Weitere dynamische Verfahren

Bei der Sollzinssatzmethode wird der kritische Sollzinssatz r bestimmt, bei dem sich gerade ein Vermögensendwert der Investition von 0 ergibt.

$$r_s = p_{s,1} - EW_1 \frac{p_{s,2} - p_{s,1}}{EW_2 - EW_1}$$

$p_{s,1}; p_{s,2}$ Probierzinssätze

$EW_1; EW_2$ Endwerte für die zwei Probierzinssätze

Bei gegebenem Habenzinssatz stellt der Sollzinssatz die Verzinsung dar, die sich auf das während des Planungszeitraums zu jedem Zahlungszeitpunkt noch gebundene Kapital erzielen lässt. Der Sollzinsfuss kann als kritischer Beschaffungszinssatz für das zu investierende Kapital interpretiert werden.

Als bekannte Varianten sind die TRM-Methode (Kontenausgleichgebot), die VR-Methode (Kontenausgleichsverbot) und die Baldwin-Methode (Kontenausgleichsverbot und Verbot der Saldierung von Investitionsauszahlungen mit Rückflüssen der gleichen Periode) zu nennen.

3.8 Aussagefähigkeit dynamischer Verfahren

	Kapitalwert-methode	Endwert-methode	interne Zinsfuß-methode	Annuitäten-methode
Entscheidungs-kriterium	Kapitalwert>0, höchster Kapitalwert	positiver Endwert, höchster Endwert	errechneter interner Zinsfuß ist größer als der Vergleichs-zinsfuß	durchschnitt-liche jährliche Einnahmen > durchschnitt-liche jährliche Ausgaben
Anwendungs-bedingung	freigesetztes Kapital verzinst sich zum Kalkulations-zinssatz	keine im Gegensatz zur Kapitalwert-methode	Verzicht auf Benutzung eines Kalkulations-zinsfusses in den Berech-nungen (Unsicher-heitsfaktor)	wie Kapitalwert-methode
geeignet	bei Dominanz der Einnahmen und Ausgaben-diskontierung auf den Zeitpunkt der Investitions-entscheidung	Vermögens-streben, Beobachtung der Ent-wicklung der Kapital-bindung und der Amortisa-tionszeit		wie Kapitalwert-methode

4. Investitionsentscheidungen unter Berücksichtigung von Risiko und Unsicherheiten

4.1 Begriffe und Übersicht

Investitionsentscheidungen beruhen im Allgemeinen auf einer Reihe von Daten, die mit Unsicherheit behaftet sind. Dies resultiert aus dem Charakter der Investitionsrechnung als zukunftsorientierte Planungsrechnung. Die Aufgabe besteht nun darin, eine Investitionsrechnung so zu gestalten, dass auch bei Berücksichtigung von unsicheren zukünftigen Größen ein Ergebnis geliefert werden kann, das eine tragfähige Grundlage bildet, von der ausgehend die anstehenden Investitionsentscheidungen rational getroffen werden können. Investitionsrechnungen, bei denen für mindestens eine Entscheidungsalternative mehrere Ergebnisse für möglich gehalten werden, sind somit Investitionsentscheidungen unter Unsicherheiten.

Bei denen in den vorangehenden Kapiteln behandelten Investitionsrechenverfahren handelt es sich um deterministische Entscheidungsmodelle, weil hierbei für jede Investitionsalternative ein sicheres Ergebnis ermittelt werden kann. Obwohl dies in der Praxis nur sehr selten der Fall ist, haben diese deterministischen Verfahren große praktische Bedeutung. In der Realität sind Entscheidungen, insbesondere Investitionsentscheidungen, fast ausschließlich bei unvollkommener Information zu treffen.

Wie bei den statischen und dynamischen Verfahren der Investitionsrechnung stellt sich auch bei Berücksichtigung der Unsicherheit die Frage, welche von mehreren technisch für möglich gehaltenen Alternativen wirtschaftlich die vorteilhafteste für die Unternehmung ist. Bei der Beurteilung der Vorteilhaftigkeit von Investitionsalternativen muss die zukünftige Entwicklung der Umwelt mit in das Kalkül einbezogen werden.

Dieser Tatsache wird in der Entscheidungstheorie durch die Formulierung von stochastischen Modellen Rechnung getragen. Man unterscheidet hierbei zwischen Risiko- und Ungewissheitssituationen.

Eine Risikosituation ist dadurch charakterisiert, dass dem Entscheidungsträger Wahrscheinlichkeiten für das Eintreten der möglichen Umweltzustände bekannt sind.

Können bei einer Investitionsentscheidung für das Eintreten der relevanten Umweltzustände keine Wahrscheinlichkeiten, also weder objektive noch subjektive, angegeben werden, dann handelt es sich um eine Entscheidung unter Ungewissheit.

4.2 Korrekturverfahren

In der Literatur wird häufig der Vorschlag gemacht, die Unsicherheit bei der Datenermittlung in der Investitionsrechnung durch die Variation bestimmter Eingangsgrößen zu berücksichtigen, und zwar in der Weise, dass „Risikoabschläge" bzw. „Risikozuschläge" angesetzt werden, insbesondere für den kalkulatorischen Zinssatz, die Nutzungsdauer bzw. Lebensdauer und die Rückflüsse oder Gewinne bzw. Kosteneinsparungen.

Der Ablauf des Korrekturverfahrens lässt sich grundsätzlich folgendermaßen beschrieben:
- An sämtlichen Schätzwerten, die in die Investitionsrechnung einfließen, werden mit einem Fingerspitzengefühl Risikozuschläge oder –abschläge vorgenommen. Sicherheitshalber wird anstelle

- o Der ursprüngliche geschätzten Umsatzeinzahlungen mit – mehr oder weniger stark – verminderten Zahlen,
- o Der ursprünglich geschätzten Betriebskosten der Anlagen mit – mehr oder minder stark – erhöhten Zahlen,
- o Der ursprünglich geschätzten Nutzungsdauer einer Anlage mit einer – mehr oder weniger stark – gekürzten Lebensdauer,
- o Des ursprünglichen festgelegten Kalkulationszinssatz mit einem – irgendwie – erhöhten Zinssatz gerechnet.
- Sodann wird in einem zweiten Schritt eine einzige Investitionsrechnung mit „quasi-sicheren" Eingabedaten durchgeführt.
- Nur Investitionsprojekte, die dieses Netz von Hürden überwinden und trotzdem zufrieden stellende Rechnungsergebnisse ausweisen, werden realisiert.

Beurteilung der Korrekturverfahren:
- Für die Bestimmung von Risikozu- oder –abschlägen gibt es nur sehr vage Maßstäbe.
- Außerdem erfolgt der Ansatz der Unsicherheit bei solchen Größen, die zum großen Teil selbst gar nicht unsicher sind (Nutzungsdauer, Zinssatz).
- Bei der Berücksichtigung der Unsicherheit durch Korrektur verschiedener Einflussgrößen besteht die Möglichkeit, jede Investitionsalternative nachteilig erscheinen zu lassen.
- Von allen Zukunftslagen wird prinzipiell nur die denkbar schlechteste als relevant unterstellt.
- Die Daten, die in eine Investitionsrechnung einfließen kommen in der Regel aus verschiedenen Stellen des Unternehmens zusammen. So ist es für ein zentrales Entscheidungsgremium unmöglich, rational begründete Entscheidungen zu treffen.

4.3 Sensitivitätsanalyse

Das Ergebnis jeder Investitionsrechnung (= Outputgröße) hängt von mehreren Eingabegrößen (= Inputgrößen) ab. So werden zum Beispiel
- Die Outputgrößen
  - o Endvermögen
  - o Entnahmeniveau
  - o Kapitalwert
- Von den Inputgrößen
  - o Zahlungsreihen der Investition
  - o Zinssatz
  - o Basiszahlung
  - o Vorgegebene Entnahmen
  - o Vorgegebenes Endvermögen
beeinflusst.

Sind nun einige oder alle diese Eingabedaten unsicher, so liegt die Frage nahe, wie empfindlich das Rechnungsergebnis auf Veränderungen der Inputgröße reagiert. Das ist die Fragestellung der Sensitivitätsanalyse.

a) Dreifachrechnung

Die Dreifachrechnung ist immer dann sinnvoll anzuwenden, wenn Chancen und Risiken ungleich verteilt sind.

Dreifachrechnung (Berechnung des Kapitalwerts)

18

- Für optimistische Erwartungen
- Für wahrscheinliche Erwartungen
- Für pessimistische Erwartungen

Änderungen von Anschaffungsauszahlung, Einnahmeüberschüsse, Nutzungsjahre, Kalkulationszinsfuss, Liquidationserlös.

b) Kritische Einflussgrößenrechnung

- Auswahl der Inputgröße, für die der kritische Wert (der z.b. zu $C_0 = 0$ führt) bestimmt werden soll.
- Zielgrößen-Funktion aufstellen und Null setzen
- Berechnung der ausgewählten Inputgröße

c) Zielgrößenänderungsrechnung

Wenn insgesamt n Eingabedaten für die Berechnung der interessierenden Zielgröße relevant sind, werden bei dieser Form der Sensitivitätsanalyse $n - 1$ Inputgrößen als sicher und genau eine als unsicher betrachtet. Dabei gehen wir in folgenden Schritten vor:

1. Auswahl der als unsicher angesehenen Inputgröße (Absatzmengen, Verkaufspreis, Nutzungsdauer)
2. Formulierung eines Modells zur Berechnung der interessierenden Outputgröße (Kapitalwert) in Abhängigkeit von der zu betrachtenden Inputgröße
3. Vorgabe eines Schwankungsintervalls der Inputgröße durch Angabe der Grenzen
4. Analytische oder numerische Bestimmung der sich daraus ergebenden Schwankungsintervalle für die betrachtete Outputgröße

Als Nachteil dieser Methode erweist sich die für eine Periodenanalyse typische isolierte Betrachtungsweise. Die Analyse bezieht sich nur auf jeweils eine Größe, wobei die anderen unsicheren Größen als konstant vorausgesetzt werden. Da diese Annahme für die Realität üblicherweise nicht zutrifft, bedeutet diese eine erhebliche Einschränkung für die praktische Anwendbarkeit.

Eine eindeutige Lösung des Unsicherheitsphänomens kann die Methode der kritischen Werte nicht bieten. Sie vermittelt aber wertvolle Einblicke in die Struktur eines Investitionsvorhabens, insbesondere liefert sie zusätzliche Informationen über die unsicheren Größen, wodurch die Unsicherheit des Entscheidungsproblems verringert werden kann.

4.4 Entscheidungsbaumverfahren

Mit diesem Verfahren lassen sich komplexe Probleme (Großinvestitionen) unter unsicheren Bedingungen lösen. Dabei wird berücksichtigt, dass Entscheidungen von großer Bedeutung in mehreren Stufen (sequentielle Investitionsentscheidung) getroffen werden. Deshalb kann zwischen der ursprünglichen Investitionsentscheidung und den Folgeentscheidungen unterschieden werden. Es wird so im Rahmen der starren Investitionsplanung ein Erklärungsmodell aufgebaut und in der flexiblen Investitionsplanung die optimale Entscheidungsreihenfolge basierend auf der Höhe der Kapitalerwartungswerte getroffen.

Für die Entscheidungen können grundsätzlich die dynamische Programmierung, das Branch-and-Bound und das Roll-Back-Verfahren Anwendung finden.

Das Roll-Back-Verfahren beruht auf der Rekursion, d.h. einer Optimierung vom Prozessende her. Die zeitlich am weitesten in der Zukunft reichenden Entscheidungen werden zuerst getroffen. Sind die jeweils optimalen Alternativen bestimmt, sind diese Grundlage für das weitere Vorgehen, bin schließlich der Entscheidungspunkt erreicht wird und die im gegenwärtigen Zeitpunkt relevante Entscheidung gefällt werden kann.

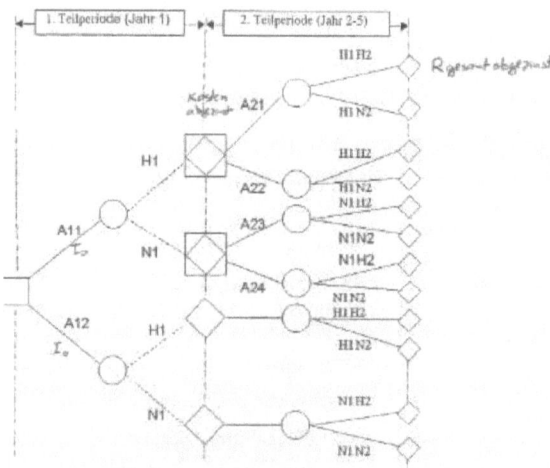

Bei den angesetzten Werten handelt es sich um Rückflüsse, die bereits auf den Barwert über die Gesamtlebensdauer des Investitionsprojektes abgezinst wurden. Gleiches gilt für die Zusatzinvestitionen, die Werbekosten und die Kosten für Produkteinführung auf dem Markt.

Es werden vom Prozessende her bei jedem Astende die erwarteten Rückflüsse mit den Wahrscheinlichkeiten multipliziert und addiert. Von der Summe werden evtl. Zusatzinvestionen subtrahiert. In den Entscheidungsknoten wird diejenige Alternative ausgewählt, welche den höchsten zu erwartenden Kapitalrückfluss besitzt, diese Zahl ist dann wiederum Ausgangswert der erneuten Berechnung bis hin zum jetzigen Zeitpunkt, indem eine Investitionsentscheidung getroffen werden kann.

Weiteres Beispiel: S. 79-81 Script

Beurteilung des Verfahrens:

Werden Investitionsprobleme mit Hilfe des Entscheidungsbaumverfahrens beurteilt, so ist es erforderlich, über die vereinfachenden Voraussetzungen Kenntnis zu haben:
- Es können nur gleichartige Entscheidungen eingesetzt werden, d.h. das eigentliche Entscheidungsproblem und die Zusatz- bzw. Folgeentscheidungen sind Investitionsentscheidungen
- Die Ergebnisverteilungen sind entscheidungsunabhängig, d.h. die Entscheidungen beeinflussen nicht den Zufallsmechanismus der Ergebnisse
- Es wird von diskreten Wahrscheinlichkeitsverteilungen ausgegangen
- Es unterstellt Risikoneutralität beim Entscheidungsträger

20

4.5 Risikoanalyse

Die den Kapitalwerten oder den internen Zinsfuss bestimmenden Größen sind mit Unsicherheit behaftet. Der Investor kann aber eine Wahrscheinlichkeitsverteilung für die Einflussfaktoren spezifizieren. Es liegt also eine Risikosituation vor. Ziel der Risikoanalyse ist es, aus der Wahrscheinlichkeitsverteilung der Einflussgrößen die Wahrscheinlichkeitsverteilung (Erwartungswert und Standardabweichung) des Kapitalwerts abzuleiten, um sie Unsicherheit bei der Investitionsentscheidung zu quantifizieren. Risikoanalysen können entweder mit Hilfe von analytischen Methoden oder mit Hilfe von Computersimulationen durchgeführt werden.

Vorgehensweise:
1. Auswahl der als unsicher angesehenen Inputgröße (Annahme: Einnahmeüberschuss)
2. Schätzung der Wahrscheinlichkeitsverteilung/ Wichtungsfaktoren für die ausgewählten Inputgrößen (Annahme: Normalverteilung)
3. Ermittlung der Wahrscheinlichkeitsverteilung
   - Analytisches Verfahren der Risikoanalyse
   - Simulatives Verfahren der Risikoanalyse

Erwartungswert: $KWE = E\ddot{U}_1 \cdot W_1 + E\ddot{U}_2 \cdot W_2 \ldots$

Varianz: $\sigma = \sqrt{(E\ddot{U}_1 - KWE)^2 \cdot W_1 + (E\ddot{U}_2 - KWE)^2 \cdot W_2 \ldots}$

4. Auswertung der Ergebnisse

Beim simulativen Verfahren der Risikoanalyse werden die Realisationen der unsicheren Inputgrößen durch Folgen von Zufallszahlen simuliert. Für jede der Inputgrößen wird durch Zufallszahlen eine Zahl aus der zugehörigen Zahlenfolge bestimmt; dieser Zahl ist ein bestimmter Wert der Inputgröße zugeordnet.
Aus diesen Werten wird dann ein Ergebniswert berechnet, z.B. ein Kapitalwert. Durch Wiederholen dieses Verfahren erhält man nach einer gewissen Zahl von Simulationsläufen eine ausreichend stabile Häufigkeitsverteilung des Ergebniswertes.

Eine Risikoanalyse für ein Investitionsprojekt liefert als Ergebnis die Wahrscheinlichkeitsverteilung für das Projektergebnis, ein so genanntes Risikoprofil. Daraus kann man den Erwartungswert unmittelbar ablesen. Außerdem lässt sich abschätzen, mit welcher Wahrscheinlichkeit welches Projektergebnis erreicht oder über- bzw. unterschritten wird.
Aus dem Verlauf des Risikoprofils lässt sich darüber hinaus auf die Streuung des Projektergebnisses schließen. Je steiler die Kurve verläuft, desto geringer ist die Streuung des Projektergebnisses.

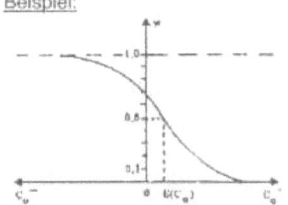

Beispiel:

Der Erwartungswert des Kapitalwertes ist in diesem Beispiel größer als 0. Die Wahrscheinlichkeit dafür, daß mindestens eine Verzinsung in Höhe des Kalkulationszinssatzes erreicht wird, beträgt 0,7 oder 70%.

Das Verfahren der Risikoanalyse besitzt die folgenden Vor- und Nachteile:

- Das Verfahren orientiert sich am Grundmodell der Entscheidungstheorie. Es erlaubt die Berücksichtigung einer sehr großen Anzahl von alternativen Zukunftslagen, ohne dass es notwendig wäre, alle relevanten Zukunftsentwicklungen im Rahmen entsprechend aufwendiger Ergebnismatrizen explizit aufzuschreiben.
- Aus den Ergebnissen von Risikoanalysen lassen sich Informationen ableiten, die Entscheidungen auf der Basis klassischer Entscheidungsprinzipien gestatten.
- Das Verfahren der Risikoanalyse gestattet es, unsichere Informationen zu verarbeiten.
- Die Methode der Risikoanalyse lässt sich – wenn sie als Simulationsverfahren durchgeführt wird – nur mit Hilfe von Computern bewerkstelligen.

Aufgrund der überwiegend positiven Eigenschaften des Verfahrens der Risikoanalyse setzt sich die Methode insbesondere bei der Beurteilung von Großprojekten auch in der Praxis durch.

5. Bestimmung von Investitionsprogrammen

5.1 Entscheidungssituationen bei Investitionsprogrammentscheidungen

Bei Investitionseinzelentscheidungen ist es ohne weiteres möglich, aufgrund von Grenzbetrachtungen ein einzelnes Investitionsprojekt für die durch seine Realisierung verursachten Aus- und Einzahlungen verantwortlich zu machen.
Jetzt haben wir es aber mit einer anderen Entscheidungssituation zu tun. Wir erörtern Probleme der Programmplanung. Hier geht es um eine Auswahl aus Projekten, die sich nicht gegenseitig ausschließen, sondern einzeln oder gemeinsam miteinander durchgeführt werden können, deren Zahlungswirkungen einander also ergänzen, verstärken und überlagern. Es wäre schlicht falsch zu behaupten, dass auch in solchen Situationen die Ein- und Auszahlungen immer den einzelnen Investitionsprojekten zugerechnet werden könnte.

a) Sukzessive Investitionsplanung

Im einfachsten Fall besteht das Problem der Investitionsprogrammplanung darin, einen bestimmten Bestand an Finanzierungsmitteln optimal auf eine darum konkurrierende Mengen sich gegenseitig nicht ausschließender Investitionsvorhaben aufzuteilen.

Diese Problemstellung bezeichnen wir deswegen als sukzessive Investitionsplanung, weil in einem ersten Planungsschritt die Menge der Finanzmittel festgelegt wird und in einem zweiten Planungsschritt eine Auswahl der Investitionsprojekte erfolgt, ohne dass dabei die Ergebnisse der Finanzplanung revidiert werden können.

Sukzessive Investitionsplanung führt häufig zu schlechteren Entscheidungsergebnissen als simultane Investitionsplanung.

Begründung: Unter Umständen hat der Investor so günstige Investitionsmöglichkeiten, dass es sich bei der Finanzplanung gelohnt hätte, einen größeren Betrag zur Verfügung zu stellen als tatsächlich geschehen. Im entgegengesetzten Fall besitzt der Investor vielleicht so wenige lohnende Investitionsvorhaben, dass es in der Finanzplanung besser gewesen wäre, einen geringeren Betrag bereitzustellen.

b) Simultane Investitionsplanung

Bei dieser Planungstechnik wird versucht, die möglichen Mängel des sukzessiven Planes dadurch zu vermeiden, dass die einzelnen Teilpläne des Investors (Finanzplan, Investitionsplan, Produktions- und Absatzplan) möglichst harmonisch aufeinander abgestimmt und die gegenseitigen Abhängigkeiten zwischen den Teilplänen angemessen berücksichtigt werden.

5.2 Klassische Verfahren

Ein System aus insgesamt fünf Annahmen ist für das folgende Modell charakteristisch:

a) Das Ziel des Investors besteht entweder darin, auf der Grundlage eines gegebenen Einkommensstroms das Vermögen am Planungshorizont oder das Niveau der jährlichen Entnahmen bei gegebenem Endvermögen zu maximieren.

b) Jedes Projekt des Entscheidungsträgers kann durch eine individuelle Zahlungsreihe eindeutig beschrieben werden.

c) Der Investor kennt Investitionsprojekte und Finanzierungsprojekte, deren Dauer und Starttermin unterschiedlich sein kann.

d) Alle Projekte sind beliebig teilbar. Wir können Maschinen kaufen oder Bruchteile von Obligationen begeben.

e) Der Investor wünscht, in jedem Zeitpunkt seines Planungszeitraums liquide zu bleiben.

f) Der Planungszeitraum ist länger als eine Periode. Danach wird der Betrieb liquidiert.

g) Jedes Projekt kann maximal einmal ins Programm aufgenommen werden.

h) Die Investitionen verursachen in t = 0 Auszahlungen und in allen späteren Zeitpunkten entweder Ein- oder Auszahlungen.

Dean empfiehlt die Investitionsprojekte nach ihren internen Zinssätzen in fallender Reihenfolge und die Finanzierungsprojekte ebenfalls nach ihren internen Zinssätzen, aber in aufsteigender Reihenfolge zu ordnen. Der Schnittpunkt der auf diese Weise entstehenden Kapitalnachfrage- und Kapitalangebotskurven bestimmt das optimale Investitions- und Finanzierungsprogramm. Für den Schnittpunkt gilt: marginaler interner Zinsfuss = marginaler Kapitalmarktzins.

Beispiel:
Den Investitionsalternativen 1, 2, 3, 4 und 5 stehen folgende Finanzierungsmöglichkeiten A, B, C und D gegenüber:

I	$-A_0$	$E_1 - A_1$	$E_2 - A_2$	KW (10%)	Rang	KWR	Rang	IZ	Rang
1	-400	350	150	42,149	1	0,105	3	19,1%	2
2	-200	130	125	21,488	2	0,107	2	18,5%	3
3	-100	65	70	16,942	3	0,169	1	22,0%	1
4	-100	50	60	-4,959	5	-0,050	5	6,5%	5
5	-50	30	30	2,066	4	0,041	4	13,0%	4

Finanzierungs-möglichkeit	A	B	C	D
zur Verfügung stehende Finanzmittel	300	200	300	200
Zinssatz	10%	12%	13%	15%

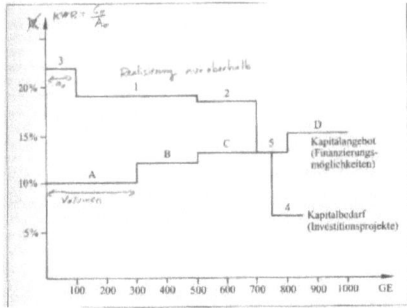

Vorteile:
- Einfach Handhabung
- Führt zu einem Ergebnis

Nachteile: Es muss unterstellt werden, dass
- keine Absatzbeschränkungen wirksam werden
- sämtliche Produktionsfaktoren in ausreichender Menge zur Verfügung stehen
- die Liquidität in späteren Perioden durch die Rückflüsse gesichert ist
- die Investitionsprojekte beliebig teilbar sind
- die Investitionsprojekte untereinander unabhängig sind
- die Investition der zur Wahl stehenden Projekte im selben Zeitpunkt erfolgt

5.3 OR-Verfahren

Wird bei begrenzten Finanzierungsmöglichkeiten mit unterschiedlichen Kosten und teilweise unteilbaren Investitionsvorhaben in verschiedenen Perioden unter Berücksichtigung von Absatzgrenzen oder Unterstellung von Mehrproduktunternehmen der Versuch unternommen, optimale Investitionsprogramme abzuleiten, so ist dies nicht mehr durch Anwendung dynamischer Verfahren zu erreichen.

Die Einbeziehung der genannten Aspekte scheint aber umso dringlicher, als diese für die Realität typischen Fälle die Frage nach der Vorteilhaftigkeit einzelner Investitionsprojekte sonst sinnlos erscheinen lassen. Jede Investition beeinflusst gegenwärtige und zukünftige Vorhaben und kann somit nur in dieser Gesamtsicht beurteilt werden.

Die notwendige Berücksichtigung zeitlich horizontaler und vertikaler Interdependenzen wird durch Anwendung der linearen Programmierung erreicht. Die verschiedenen Modelle lassen sich grundsätzlich in produktions- und kapitaltheoretische unterteilen. Die produktionstheoretischen Modelle berücksichtigen die Finanzierungsmöglichkeiten als Restriktion und ermitteln das in diesem Rahmen optimale Investitions- und Produktionsprogramm. Kapitaltheoretische Ansätze dagegen setzen ein optimales Produktionsprogramm voraus und variieren das Investitions- und Finanzierungsprogramm.

24